So lebt

Bangkok

Der perfekte Reiseführer für einen unvergessli-chen Aufenthalt in Bangkok inkl. Insider-Tipps, Tipps zum Geldsparen und Packliste

Tanja Blumberg

Alle Ratschläge in diesem Buch wurden sorgfältig erwogen und geprüft. Eine Garantie kann dennoch nicht übernommen werden. Eine Haftung für jegliche Personen-, Sach- und Vermögensschäden ist daher ausgeschlossen. Die Benutzung dieses Buches und die Umsetzung der darin enthaltenen Informationen erfolgt ausdrücklich auf eigenes Risiko.

✈ INHALT

Das erwartet Sie in diesem Buch

Unweit von Tempeln leuchten die Reklameschilder der Kneipen und Restaurants. Zwei leicht bekleidete Mädchen haben es sich auf einer Bank an der Bushaltestelle bequem gemacht und auch ein Mönch, der heftig gestikulierend mit seinem Handy telefoniert.

Aus der Ferne wabern verschiedene Gerüche der Streetfood-Stände herüber, die sich mit den Abgasen des vorbeifließenden Verkehrs vermischen. Auf den Straßen befindet sich ein Mulitkulti-Mix von Menschen, Jung und Alt, eingehüllt in Tücher oder knapp bekleidet, und völlig unbeeindruckt vom lärmenden Verkehr der Großstadt ihre Suppe löffelnd.

In Bangkok trifft nicht nur wirtschaftliches Wachstum und Luxus auf Armut, hier treffen auch die unterschiedlichsten Menschen tagtäglich aufeinander und leben Seite an Seite friedlich zusammen. Religion und Tradition trifft dabei auf ein Nachtleben, das selbst bei erfahrenen Partygängern puritanische Reaktionen auslöst, und aus jeder Ecke wehen die eigenartigsten Gerüche.

Heute bereisen jährlich rund 25 Millionen Touristen das Land und viele zieht es vor allem an die paradiesischen Strände im Süden des Landes oder in den für seine Berge, Nationalparks und Elefanten beliebten Norden.

Doch auch Thailands Hauptstadt hat einiges an ungewöhnlichen und attraktiven Orten zu bieten. Keine Hauptstadt zieht jährlich mehr Touristen an[1] und auch bei Ihnen sollte ein Ausflug nach Bangkok unbedingt auf Ihrem nächsten Reiseplan in den Süden stehen. Planen Sie dafür ruhig mehrere Tage ein, denn Bangkok kann mehr als einen kurzen

---

[1] Talty, Alexandra: Bangkok is the most visited city in the world...again, in: Forbes Online, https://www.forbes.com/sites/alexandratalty/2019/09/04/bangkok-is-the-most-visited-city-in-the-world-again/#73636b895f1b

Zwischenaufenthalt zwischen Flughafen und Strand! Im Folgenden soll Ihnen die Stadt ein wenig nähergebracht werden und nach einem kurzen Ausflug in seine Geschichte inklusive einer kleinen Stadtkunde werden Sie nicht nur erfahren, wie sich Bangkok am besten erkunden lässt und was Sie gesehen haben sollten, sondern Sie werden auch mit ein paar Geheimtipps versorgt, die wir Ihnen gerne mit auf den Weg geben.

Nachdem der erste „Kulturschock" überwunden ist, verstärkt durch die extreme Luftfeuchtigkeit, die Hitze sowie den Großstadtverkehr, der jede Straßenüberquerung zur existenziellen Grenzerfahrung werden lässt, kommen viele neue Eindrücken hinzu, die sich so mit kaum einer anderen Stadt vergleichen lassen.

Doch all diese Eindrücke reihen sich vermutlich schnell ein in den ganz eigenen Rhythmus der Stadt und Sie werden feststellen, dass das Chaos eine eigenartige innere Ordnung besitzt. Schnappen Sie sich daher Ihren Eiskaffee und Ihre Atemschutzmaske und freuen Sie sich auf eine Reise voller Kontraste und kurioser Erlebnisse in der Stadt der Engel, Krung Thep Mahanakon, wie Bangkok von den Thais genannt wird. Übrigens ist Bangkoks voll ausgeschriebener Name der längste Stadtname der Welt und besteht aus ganzen sechzehn Wörtern! Bangkok mit einem Wort zu beschreiben, fiel eben schon immer schwer.

Kurzer historischer Überblick

Bangkoks Geschichte als zukünftige Hauptstadt begann in einem kleinen Fischerdorf westlich des knapp 400 km langen Chao Phaya Fusses, der sich etwa 40 km nördlich des thailändischen Golfs befindet, der in den Pazifischen Ozean mündet.

Nachdem es im 18. Jahrhundert zum Konflikt zwischen dem siamesischen Königreich Ayutthaya und dem Nachbarland Burma kam, sollte hier sowohl das politische als auch das wirtschaftliche Zentrum des Landes neu aufgebaut werden, nachdem Ayutthaya weitgehend zerstört wurde. Siam ist übrigens der alte Name Thailands. Das neue Zentrum des Landes wuchs unter der *Chakri Dynastie* mit dem seit 1778 regierenden König Rama I rasch an, der das Zentrum auf die andere Seite des Ufers verlegte und Paläste und Tempel erbauen ließ, die später das Stadtzentrum Bangkoks bilden sollten.

Die Stadt bestand weiterhin aus den zwei Teilen, dem westlich vom Fluss gelegenen Thon Buri sowie der neuen Siedlung auf der anderen Seite des Flusses. Die Nähe zu den Häfen am Meer, und zudem von sämtlichen Kanälen durchzogen, Klongs genannt, machte die Stadt auch bei ausländischen Händlern beliebt, und so entwickelte sich Bangkok bereits im 19. Jahrhundert zu einem der Wirtschafts- und Handelszentren Südostasiens.

Bei den meisten Einheimischen Bangkoks handelte es sich damals noch um Chinesen, daher finden Sie im heutigen Chinatown, ganz in der Nähe des Flusses und der Altstadt gelegen, auch Spuren der ersten Siedlung des heutigen Bangkoks. Chinatown spielt daher nicht nur kulturell, sondern auch historisch eine wichtige Rolle für Bangkok.

Als 1927 die *Radical Party Thailand* gegründet wurde, zeichnete sich auch im Königreich Thailand eine zunehmende Entwicklung hin zu westlicheren Regierungsmodellen ab: Die Partei unterstützte den Coup von 1932 gegen die Chakri Dynastie, bei dem es unter Führung des Armee-Offiziers Phibun zur ersten parlamentarischen Regierungsbildung des Landes kam.

Die Monarchie existierte zwar weiterhin, allerdings vollzog das Land seit den Dreißigern auch auf gesellschaftspolitischer Ebene eine zunehmende Modernisierung und etablierte sich dabei auch als souveräner Nationalstaat. Übrigens war Thailand im Zweiten Weltkrieg ein Verbündeter Japans, nachdem die Japaner 1941 in Thailand einmarschierten, dem Land halfen, die 1909 an England abgetretenen Gebiete im Süden zurückzugewinnen, und dafür Ressourcen und strategische Orte in Thailand zur Verfügung gestellt bekamen.

Auch in Bangkok lassen sich daher Spuren des Zweiten Weltkriegen finden: So wurden mehrere thailändische Städte von britischen Streitkräften angeflogen und strategisch wichtige Orte der Japaner wurden bombardiert. Bangkok wurde am 7. Juni 1944 angegriffen, dabei kam es auch zur Zerstörung der berühmten Rama I Bridge, die beide Stadtteile miteinander verband. Ferner wurden mehrere Fabriken und ein japanischer Stützpunkt bombardiert, was zu vielen Verletzten und mehreren Toten führte. 1947 zählte Bangkok erstmals über eine Million Einwohner, bestand aber weiterhin aus zwei getrennten Stadtteilen, die erst 1971 unter eine einheitliche Regierung gestellt wurden.

Als einziges Land Südostasiens, welches nie von einer westlichen Großmacht kolonialisiert wurde, stellt Thailand historisch eine Ausnahmeerscheinung dar, was das nationale Bewusstsein der Thailänder im Übrigen auch stark geprägt hat.

Während die Nachbarländer Burma, Laos, Kambodscha und Malaysia teilweise mehrmals von europäischen Ländern kolonialisiert und damit einhergehend auch in schwere kriegerische Auseinandersetzungen involviert wurden – denken Sie dabei etwa an den Vietnamkrieg oder die Schreckensbilder von der Bombardierung Laos in den 1970ern –, so bildete Thailand eine Art „geopolitische Pufferzone" zwischen den verschiedenen Interessengruppen und schaffte es so, von den Stellvertreterkriegen der Ära des Kalten Krieges verschont zu bleiben.

Selbstverständlich spielte hier auch der eine oder andere diplomatische Kompromiss eine Rolle und das Land steht ferner seit Mitte des vergangenen Jahrhunderts in enger diplomatischer und wirtschaftlicher Beziehung zu den USA.

In den letzten 30 Jahren gelang es Thailand, die landesweite Armut von 67 % auf 7.25 % zurückzudrängen2, und dies spiegelt sich auch im Stadtbild Bangkoks wider, wo die soziale Mittelschicht seitdem das größte Wachstum verzeichnen konnte. Neben den traditionellen Wohnhäusern, die sich oft in den kleinen Straßen befinden, Sois genannt, und die von den großspurigen Hauptstraßen abzweigen und sich wie Adern durch die Stadt ziehen, bestimmten zunehmend auch Hochhäuser und Wolkenkratzer das Stadtbild.

Die traditionellen Wohnhäuser in Bangkok sind übrigens meist nur ein- bis zweistöckig und vor vielen Eingängen werden Sie kleine Holzschreine stehen sehen, die im Buddhismus die Häuser samt Besitzer vor bösen Geistern beschützen sollen. Im direkten Zusammenhang zur Städtelandschaft – Stichwort Asphalt – steht auch das Klima in Bangkok: Das angenehmste Wetter finden Sie in der Hochsaison, die von Oktober bis Februar andauert und die „trockenen" und deutlich milderen Monate bildet. Bangkoks Durchschnittstemperatur liegt währenddessen um die 30 Grad. In den Sommermonaten kann es bis

---

2 O.A. The 10 most important facts about poverty in Bangkok: https://borgenproject.org/top-10-facts-about-poverty-in-bangkok/

zu 40 Grad werden und zusammen mit einer Luftfeuchtigkeit von fast 90 % und dem Großstadtsmog ist eine Reise zu dieser Zeit definitiv nur zu empfehlen, wenn Sie einen Swimmingpool im Hotel oder ein besonders gutes Kreislaufsystem haben! Einen Vorteil haben die Sommermonate jedoch auch, denn dann befinden Sie sich in der Low Season, wo viele Hotels oftmals günstigere Preise anbieten und viele touristische Orte einen deutlich geringeren Zulauf haben.

Khun Thai: Menschen & Leben

Aktuell sind knapp 12 Millionen Menschen in Bangkok wohnhaft gemeldet. Nicht hinzugerechnet werden übrigens die vielen Pendler, die in den angrenzenden Regionen leben und täglich zum Arbeiten nach Bangkok anreisen, was die totale Population auf etwa 15 Millionen ansteigen lässt. Insgesamt gliedert sich Bangkok über ganze 50 Bezirke, die sich wiederum aus insgesamt 180 Unterbezirken, den sogenannten Khwaengs, zusammensetzen. Thailand besitzt keine offizielle Staatsreligion.

Die thailändische Verfassung garantiert jedem Bürger Religionsfreiheit und auch Diskriminierung aufgrund des religiösen Glaubens wurde seit 1997 gesetzlich verboten. Allerdings stellt, wie in ganz Thailand, auch in Bangkok der Buddhismus mit knapp 94 % die prozentual höchste Religion dar. Tempel und Schreine finden Sie daher an jeder Ecke, oftmals bunt dekoriert, wobei auch Speisen und Getränke zu Ehren der Verstorbenen dargeboten werden.

Wundern Sie sich daher nicht, wenn Sie eine Schale Reis oder eine Fanta-Flasche auf einem der vielen heiligen Schreine stehen sehen und räumen Sie diese nicht weg! Nach buddhistischem Glauben verweilt der Geist der Verstorbenen noch eine ganze Zeit auf der Erde, und statt lautem Wehklagen – dies könnte die Geister verärgern – wird vielmehr versucht, den Verstorbenen durch Gaben zu ehren und ihm so zu gedenken.

Denn nach buddhistischem Glauben können die Verstorbenen nur weiter in ihr nächstes Leben reisen –wie Sie sicher wissen, glauben Buddhisten an die Wiedergeburt –, wenn sie sich dafür in einem friedlichen Seelenzustand befinden. Durch die Gaben hoffen die Hinterbliebenen also, dass sich der Übergang ins neue Leben ohne Probleme vollziehen lässt – ein schöner und auch irgendwie tröstender

Gedanke, der den Tod, aber auch das Loslassen-Kön-nen eines geliebten Menschen noch einmal von einer für uns eher ungewohnten Perspektive betrachtet, finden Sie nicht auch? Neben Buddhisten leben rund 4 % Muslime in Bangkok und zwischen den vielen buddhistischen Tempeln, die Sie hier besuchen kön-nen, finden Sie daher auch rund 170 Moscheen im Stadtgebiet.

Sollten Sie sich in der Nähe einer Moschee befin-den, so können Sie morgens dem Gesang des Muezz-zins lauschen, der über die Lautsprecher zum Gebet ausruft. Neben Buddhisten und Moslems finden sich auch kleinere Gemeinschaften von Christen, Hindus, Taoisten und Konfuzianisten, die Sie vor allem bei der chinesisch-stämmigen Population antreffen. Üb-rigens stand das frühe Siam unter der Herrschaft der Khmer – dem heutigen Kambodscha –, deren Wur-zeln im Hinduismus zu finden sind. Die Spuren da-von sind bis heute auch im thailändischen Buddhis-mus anzutreffen und auch die thailändische Schrift geht auf das indische Sanskrit zurück.

Bangkok als wirtschaftliches Zentrum Süd-ostasiens lockt ferner auch viele Gastarbeiter an, worunter sich die meisten im Ballungsgebiet der Hauptstadt angesiedelt haben und vor allem aus den benachbarten Ländern Laos, Myanmar oder

Kambodscha stammen. Auch sie bringen ihre kulturellen Einflüsse mit in die Stadt und was die Koexistenz der vielen verschiedenen Nationalitäten und Religionen betrifft, so leben sie in Bangkok weitgehend friedlich miteinander.

Für Thailänderinnen hat sich auf dem Gebiet der Gleichberechtigung und der weiblichen Emanzipation viel getan in den vergangenen Jahren und in keinem anderen Land der Welt fanden sich 2019 mehr Frauen in führenden Positionen als in Thailand[3]. Zudem studieren mit 53 % Frauenanteil auch deutlich mehr weibliche Studenten naturwissenschaftliche Fächer in Thailand.[4] Für viele Frauen und Mädchen aus traditionelleren ländlichen Provinzen wirkt dies ermutigend und man kann davon ausgehen, dass sich dieser Trend auch in Zukunft fortsetzen wird. Auch beim Thema Homosexualität zeigt sich Thailand als ein überaus tolerantes und offenes Land, obwohl in diesem Religion und Tradition nach wie vor

---

3 Dumronkiut Mala: Paving the way for gender equality, in Bangkok Post :
https://www.bangkokpost.com/life/social-and-lifestyle/1784529/paving-the-way-for-gender-equality[3]
4 10 Extremly Important Facts About Girls Education In Thailand, in: The Bogen Project
https://borgenproject.org/facts-about-girls-education-in-thailand/

eine große Rolle im Alltag spielen: 2017 landete Bangkok auf dem 2. Platz aller Städte Asiens in Sachen Homosexualität samt Nachtleben und LGBT-Community, hinter Tel Aviv auf dem 1. Platz5.

Ende 2018 wurde ferner ein erster Gesetzesentwurf vom thailändischen Parlament erlassen, welcher es gleichgeschlechtlichen Paaren ermöglichen soll, ihre Partnerschaften gesetzlich eintragen zu lassen. Dieser weitere Schritt auf dem Weg der Legalisierung gleichgeschlechtlicher Ehen erhielt ferner rund 98 % Zuspruch in der Öffentlichkeit6, was die breite Akzeptanz, die das Thema mittlerweile in der Gesellschaft hat, nochmals unterstreicht.

Übrigens besitzt Thailand, und allen voran Bangkok, eine überaus große Transgender-Community: Der Begriff des Ladyboys wird Ihnen sicherlich schon häufiger zu Ohren gekommen sein. Ladyboys existieren schon sehr lange in Thailand und gehören somit nicht nur zum Stadtbild Bangkoks, sondern

---

5 Coconuts Bangkok: Happy Pride Month! Bangkok Named 2nd Best LGBT City In Asia, https://coconuts.co/bangkok/lifestyle/happy-pride-month-bangkok-named-second-best-lgbt-city-asia/
6 Reed, John: Thais celebrate the prospect of same-sex unions as a leap forward, In: Financial Times: https://www.ft.com/content/bba4a4d2-f165-11e8-ae55-df4bf40f9d0d

sind Teil der thailändischen Kultur, werden auch von den traditionelleren Gesellschaftsschichten des Landes zumindest geduldet und besitzen sogar an vielen Orten Bangkoks bereits ihre eigenen Toiletten.

Darüber hinaus ist das dritte Geschlecht auch überaus präsent in den thailändischen Medien: So wird etwa der seit 1984 stattfindende *Miss Tiffanys Universe* Schönheitswettbewerb seit einigen Jahren auch im thailändischen TV ausgestrahlt und erfreut sich jährlich hohen Zuschauerzahlen. Eine der vergangenen Gewinnerinnen, Nong Poy, ist in ganz Südostasien für ihre Schönheit berühmt und eine von vielen Transgenderfrauen, die zunehmend über das Genre hinaus im Mainstream – ob Film, TV, Mode oder Musik – vertreten sind und dabei auch die Cover unzähliger Modemagazine und Kosmetikwerbungen zieren.

Mit seinen vielen Nachtclubs, der Duldung von Prostitution, einem zunehmend liberalen Umgang sowohl mit dem Thema Homosexualität als auch mit der Koexistenz verschiedener Lebensentwürfe im Allgemeinen ist Thailand gesamtgesellschaftlich eines der liberalsten Länder Südostasiens – und dies macht sich vor allem in Bangkok bemerkbar. Gleichzeitig bleibt das Land jedoch auch stark in seinen

Traditionen verankert und es ist dabei auch im Alltag auf die Erhaltung der thailändischen Kultur bedacht. Gerade in diesem Kontrast aus Tradition und Moderne liegt wohl auch einer der vielen Reize, die Touristen immer wieder zurück in das Land des Lächelns locken.

Etwas komplizierter sieht es bei der politischen Lage des Landes aus, die hier ebenfalls kurz Erwähnung finden soll: Wie bereits erwähnt, stellt Thailand seit den Dreißiger Jahren eine konstitutionelle Monarchie dar, mit dem Premierminister als Regierungschef sowie dem König als Staatsoberhaupt, der ferner die Einigkeit Thailands symbolisch repräsentiert. Bilder des Königs, seit 2016 übrigens Maja Vajiralangkorn, Sohn des von den Thais nach wie vor geliebten Bhumibols, der das Land über 70 Jahre regierte, werden Sie daher an jeder Ecke hängen sehen.

Ferner werden Sie bei Ihrer Bangkok-Tour eventuell bemerken, dass die Menschen um Sie herum täglich um acht Uhr morgens sowie um sechs Uhr abends für einen Moment stehen bleiben, und Sie werden sich eventuell fragen, was hier vor sich geht. Zu besagter Zeit erklingt tagtäglich die thailändische Nationalhymne sowie die Hymne des Königshauses durch die Lautsprecher. Ob shoppend auf den Straßen oder beim Joggen im Park – alle Tätigkeiten werden bis zum letzten Takt der Lieder eingestellt, um dadurch dem Land täglich die Ehre zu erweisen. Thailänder sind überaus national und in den meisten Fällen auch treue Anhänger des Königshauses!

Unbedingt vermeiden sollten Sie daher übrigens politische Diskussionen mit Thais zum Thema „Monarchie", sollten Sie dazu kritisch eingestellt sein – denn in Thailand wird Majestätsbeleidigung mit hohen Strafen geahndet und es stellt kein Kavaliersdelikt dar! Es empfiehlt sich daher, vor allem, wenn man die Personen noch nicht lange kennt, sich mit seinen persönlichen Ansichten zum Thema „Monarchie" zurückzuhalten. Und wenn wir gerade beim Thema „Etikette" sind: Auch das Kaufen von Buddha-Statuen und ähnlichem „Buddha-Merchandise" ist hier verboten und Sie werden dazu auch bereits am Flughafen ein Hinweisplakat finden. Dies wird in Thailand als überaus respektlos empfunden und sollte daher nicht auf Ihrer Liste der Souvenirs stehen.

Zu guter Letzt noch ein kleiner Ausflug in die jüngeren politischen Geschehnisse Bangkoks, denn obgleich friedlich, so steht das Land politisch überaus gespalten da: Vor allem zwischen den Jahren

2009 und 2014 kam es immer wieder zu Protesten zwischen dem „Pro-Regierungslager" und dessen Opposition, allen voran der Vereinigung UDD (National United Front against Dictatorship), die vor allem auch den starken Einfluss des Militärs innerhalb der thailändischen Politik kritisierten.

Die Auseinandersetzungen zwischen UDD und Militär zeigten sich vor allem in der Hauptstadt und gipfelten zwischen April und Mai 2010 im Niederschlag der UDD vonseiten des Militärs, was mit mehr als 2000 Verletzten, über 80 Toten sowie mit bis heute 51 der UDD angehörigen vermissten Personen endete[7]. Die Konflikte entluden sich 2014 erneut und vielleicht erinnern Sie sich an die Bilder aus den Nachrichten von Thailändern in roten und gelben T-Shirts, welche sich auf den Straßen Bangkoks zusammenfanden und demonstrierten.

Die beiden Farben stehen symbolisch für die Lager der Proregierungsangehörigen (rot) sowie für deren Opposition (gelb). Letztere steht in Thailand übrigens für das Königshaus und vor allem in den wirtschaftlich stärkeren Regionen des Landes besitzt sie besonders viele Anhänger. Neben den

---

7 .Vgl.:Wikipedia: Thai political protests, https://en.wikipedia.org/wiki/2010_Thai_political_prot ests

thailändischen Nationalflaggen, die Sie an jeder Ecke wehen sehen, finden Sie meist auch die gelbe Fahne des Königshauses. Politisch bildet Thailand seit 2014 de facto eine Militärjunta, sodass das Land zwar friedlich, jedoch auch weiterhin politisch gespalten bleibt.

Wer sich für die aktuelle politische Lage Thailands interessiert, der sei an dieser Stelle zum weiteren Nachlesen aufgefordert! Sorgen vor politischen Zusammenstößen brauchen Sie sich jedoch während Ihrer Reise nicht zu machen, allerdings lohnt sich auch bei einem der beliebtesten Urlaubsländer der Welt ein Blick hinter die Kulissen, um somit auch Bangkok in seiner Gesamtheit besser verstehen zu können – umso beeindruckender wirken dann auch der Optimismus und die Freundlichkeit, den die Thailänder trotz allem an den Tag legen.

Das Leben in Bangkok lässt sich mit allen möglichen Begriffen beschreiben: verrückt, bunt, laut, rastlos, „smoggeballt" und faszinierend. Im Großen und Ganzen ist es ein regelrechter Angriff auf alle Sinne. Das Gefühl der Langeweile werden Sie während Ihres Aufenthaltes wohl kaum zu spüren bekommen. Trotz Großstadtleben und scheinbar dauerhaftem Verkehrschaos, die berühmte Freundlichkeit der Thailänder spürt man auch in Bangkok an vielen Ecke, sodass selbst dort Thailand seinem Ruf als „Land des Lächelns" gerecht wird. Übrigens wird hier auch bei Schüchternheit oder Unsicherheit gelächelt und nicht etwa unsicher auf den Boden gestarrt.

Höflichkeit spielt in Thailand auch aus traditionell-religiösen Gründen eine wichtige Rolle, dies zeigt sich auch in den kleinen Details des Alltagslebens. Benehmen Sie sich daher ebenfalls so, auch, wenn Sie sich im langersehnten Urlaubsmodus befinden, und zeigen Sie den Bangkokern, dass Sie sich als *Farang* – wie Thais uns westliche Touristen nennen und was übersetzt so viel wie „Langnase" bedeutet – an die lokalen Gegebenheiten anpassen. Sämtliche Großmütter dieser Welt werden stolz auf Sie sein.

Übrigens schreibt Thailand aktuell das Jahr 2563 für 2020 – die buddhistische Zeitrechnung liegt ganze 543 Jahre vor der gregorianischen, die wir bei uns verwenden. Das thailändische Neujahr wird am 13. April über mehrere Tage gefeiert, je nach Provinz mit kleinen regionalen Unterschieden. In Bangkok wird *Songhran*, wie sich das thailändische Neujahr nennt – auch als Wasserfestival bekannt –, vor allem auf den Straßen zelebriert. Da der April in Thailand gleichzeitig auch der heißeste

Monat des Jahres ist, wird die ganze Stadt dabei passenderweise zu einem großen Freibad: Die Menschen sind bunt gekleidet, überall sieht man Wasserfontänen durch die Luft schießen und traditionell bemalen Thais ihre Gesichter mit weiser Kreide, was die Reinigung vom alten Jahr symbolisieren soll.

Das thailändische Neujahr ist definitiv ein unvergessliches Erlebnis und auch als Tourist werden Sie, ob Buddhist oder nicht, zum Mitfeiern animiert.

Anreise und Verkehr

Kommen wir nun zu Ihrer Reise nach Bangkok. Wie in jeder Hauptstadt müssen Sie auch hier damit rechnen, dass die Preise bei Kost und Logie etwas höher liegen als beispielsweise im weitaus weniger touristischen Zentral- oder Westthailand, die übrigens unbedingt mit auf Ihrer Reiseliste stehen sollten, sofern Sie eine längere Thailandreise eingeplant haben.

Trotz etwas höherer Kosten ist die gute Nachricht jedoch, dass Sie trotzdem kostengünstig in Bangkok unterwegs sein können, und die Stadt – vor allem im Vergleich zu europäischen Städten – nach wie vor ein überaus günstiges Reiseziel darstellt. Wenn Sie auf ein paar Dinge achten, können Sie übrigens schon bei der Anreise Geld sparen, sollten Sie mit schmalem Budget reisen.

Bangkoks Infrastruktur lässt nach wie vor zu wünschen übrig, wurde jedoch in den letzten Jahren stark ausgebaut und wächst auch weiterhin ständig weiter. Monumentale Brücken, Highways und Bahnhöfe, darunter der vergrößerte Bahnhof *Bang Sue*, der 2021 fertiggestellt werden soll, macht Bangkoks Ruf als eine der 25 größten Metropolen der Welt alle Ehre.

Seit 1999 kommt ferner der Skytrain zum täglichen Einsatz, der einmal quer vom Süden in den Norden der Stadt fährt. Die Bangkoker U-Bahn (BTS) transportiert bereits seit 1994 die täglich rund eine halbe Million Passagiere und wird seitdem ebenfalls ständig ausgebaut; so können Sie etwa seit Herbst 2019 unterirdisch bis in die Altstadt fahren, während die Endhaltestelle zuvor noch der Bahnhof Hua Lamphong in Chinatown darstellte, übrigens einer der großen überregionalen Bahnhöfe, der Sie in alle Himmelsrichtungen transportiert. Machen Sie sich trotz wachsender Infrastruktur dennoch auf unzählige Autos, Motorbikes, Verkehrsstaus sowie auf die besagten existenziellen Grenzerfahrungen beim Überqueren der Straßen gefasst. Vor allem das Meer aus Motorrollern wird ein ungewöhnlicher Anblick für Sie sein, der Motorroller stellt für Thais aber mitunter das wichtigste Fortbewegungsmittel dar.

Es ist wohl unnötig, zu erwähnen, dass im Bangkoker Straßenverkehr Ihre volle Aufmerksamkeit gefragt ist! Da in Thailand Linksverkehr herrscht, wurden zu Ihrer Erinnerung übrigens auf vielen Straßen eigens dafür Pfeile auf die Straßen gemalt, damit Sie beim Überqueren der Straßen immer nach links schauen!

Bei der Wahl der passenden Verkehrsmittel können Sie bereits zusätzliche finanzielle und infrastrukturell bedingte Hürden vermeiden. Wenn Sie übermüdet, aber glücklich am Flughafen die Warteschlange der Immigration erfolgreich hinter sich gebracht haben, verzichten Sie auf die Warteschlange am Taxistand! Folgen Sie dem Wegweiser, der Sie in wenigen Minuten zur Plattform des *Railway Links* navigiert, ziehen Sie ein günstiges Ticket von umgerechnet etwa einem Euro und violà,

Sie kommen entspannt und ohne Stau ins Stadtzentrum, das sich etwa 30 km westlich vom Flughafen Suvarnabhumi befindet. Auf seinem Weg zur Endhaltestelle *National Stadium* kommt der Railway

Train an verschiedenen Stationen der U-Bahn und des Skytrains vorbei, sodass Sie an (fast) alle Orte gelangen. Sollte sich Ihr Ziel jedoch abseits einer fußläufig erreichbaren Station befinden, so empfiehlt es sich, beim nächstgelegenen Halt auf ein Taxi umzusteigen.

Taxis sind innerhalb Bangkoks günstiger als vom Flughafen in die Stadt. Verzichten Sie auf das Handeln mit dem Taxifahrer und weisen Sie diesen freundlich auf das *Taximeter* hin – so vermeiden Sie zusätzliche Fahrtkosten. Ein berühmtes Symbol für Thailand stellt übrigens die dreirädige Autorikscha dar, Tuk-Tuk genannt, die Sie auch in Bangkok über die Straßen brettern oder an jeder Ecke stehen sehen. Oftmals liegt der Tuk-Tuk-Fahrer gemütlich auf dem Sessel und hört Musik, während er auf Reisende wartet, denn sich in Bangkok zu stressen, ist aufgrund des Klimas nicht zu empfehlen! Die Preise für den Transport werden vor Ort verhandelt, als Tourist zahlen Sie meist einen etwas höheren Preis für den Transport als Einheimische.

Der öffentliche Verkehr in Bangkok, ganz gleich, für welches Transportmittel Sie sich entscheiden, ist in jedem Fall ein Abenteuer für sich, vor allem, wenn Sie zuvor noch nie in Asien waren und den deutschen Straßenverkehr gewohnt sind. Zögern Sie übrigens auch nicht, von einer der vielen Buslinien Gebrauch zu machen, die pro Fahrt kaum mehr als 10 Baht kosten und Sie in jede Ecke Bangkoks transportieren. Selbstverständlich müssen Sie beim Busfahren mehr Zeit einplanen als bei Zugfahrten, bei denen sie dafür wiederum weniger von der Stadt sehen.

Abseits des Chaos der Straßen können Sie ferner mit den vielen „Bootstaxen" überaus günstig von A nach B gelangen. Diese fahren den *Chao Phaya* auf und ab, halten an bestimmten Stationen, darunter auch nahe der Altstadt, und Sie können die Stadt vom Wasser aus bestaunen. Ferner finden Sie verschiedene Routen auf den Kanälen, die sich quer durch Bangkok ziehen; so können Sie etwa per Boot den *Khlong Maha Nak* entlang in den Osten der Stadt gelangen und dabei an manchen Stellen fast vergessen, dass Sie sich in einer der größten Metropolen der Welt befinden.

Übrigens: Entscheiden Sie sich dafür, von Bangkok aus weiter durch Thailand zu reisen, so erkundigen Sie sich vorher unbedingt danach, ob Ihr Ziel auf einem der vielen Zugrouten des Landes liegt. Zugfahren in Thailand ist günstig, ein Abenteuer voller schöner und kurioser Momente und sollte vor allem bei Reisenden, die einen authentischen Eindruck von Land und Leuten erhalten möchten, nicht fehlen. Zögern Sie nicht, sich in die dritte Klasse zu setzen – bei Zugfahrten müssen Sie grundsätzlich immer einen Platz reservieren, sodass Sie keine Angst vor stundenlangem Herumstehen haben müssen.

Als Farang in der dritten Klasse werden Sie viele interessierte, aber meist freundliche Blicke erhalten, eventuell mit ein paar Mönchen eine Papaya teilen oder mit ein paar thailändischen Omas in Zeichensprache kommunizieren und natürlich können Sie auch hier wieder entspannt die Landschaft genießen.

Die Eingänge in den etwas älteren Modellen der Züge stehen meist offen und Sie können sich dort hinstellen, sich den Wind durchs Haar wehen lassen und dabei beobachten, wie die vielen kleinen Dörfer, Felder und Berge an Ihnen vorbeiziehen. Halten Sie sich aber gut fest! Für den Anfang empfiehlt sich etwa eine Reise nach Ayutthaya, der alten Hauptstadt des Königreiches Siam, die nur knapp 1,5 h von Bangkok entfernt liegt und mit ihren vielen Tempeln und Ruinen eine beliebte Touristendestination darstellt.

Fährt kein Zug an Ihr Ziel, so kommen Sie durch den nördlich von Bangkok gelegenen Don Mueang Flughafen an viele Orte Thailands, und dies schon äußerst günstig. Ferner fahren Busse von den beiden großen Busterminals, dem Mo Chit Bus Terminal im Norden sowie dem Southern Terminal auf der anderen Seite der Stadt, ab. Von dort aus bringen Sie Minivans, die in regelmäßigen kurzen Abständen abfahren, an jedes Ziel. Diese sind schnell, mit Klimaanlage ausgestattet und ebenfalls relativ günstig – dafür sind sie jedoch oftmals mit einem Fahrstil unterwegs, der von vielen Farangs als halsbrecherisch empfunden wird.

Zu guter Letzt noch ein kleiner, aber wichtiger Hinweis: Reisen Sie mit schmalem Budget, so beachten Sie unbedingt, dass in Thailand beim Geldabheben an den ATM-Automaten hohe Gebühren anfallen (ja nach Bank zwischen 150 und 220 Baht, also über 6 Euro, die sich schnell summieren!).

Bei den Automaten am Flughafen können versteckte Kosten auf Sie zukommen, die Sie eventuell aufgrund der Aufregung und der Übermüdung nach der langen Reise nicht bemerken – hier können die Gebühren, je nach Bankautomat, bei bis zu 25 Euro betragen! Um Ihnen diese unnötige und ziemlich ärgerliche Erfahrung zu ersparen, sei daher dazu geraten, entweder noch vor Abreise oder am Flughafen bei der Wechselstube Ihre Euros einzutauschen, um weitere Unkosten zu vermeiden.

Die beliebtesten Bezirke

Kommen wir nun zu den beliebtesten Stadtteilen sowie ihren Übernachtungsmöglichkeiten: Hier kommt es natürlich auf Ihr Budget sowie auf Ihre persönlichen Ansprüche an, die Sie an Ihre Unterkunft und deren Umgebung stellen. In Bangkok finden Sie alles vom Hostel für 3 Euro die Nacht bis hin zur Luxus-Suite für mehrere Tausend Euro.

Mit über 10.000 offiziell registrierten Hotels, Ferienwohnungen, Homestays, Pensionen, Resorts und Hostels finden Sie hier weltweit das breiteste

Angebot an Übernachtungsmöglichkeiten in einer Stadt!

Inmitten des wirtschaftlichen Herzens Bangkoks, welches schon im 19. Jahrhundert um die berühmte Silom Road entstand und wo sich auch heute noch das finanzielle Zentrum der Stadt befindet, entstand dort parallel zum wirtschaftlichen Wachstum auch das erste Zentrum der Unterhaltungsindustrie Bangkoks, mitsamt Rotlichtbezirk, Clubs sowie zahlreichen Hotels für Reisende aus aller Welt – ob geschäftlich oder auf Urlaub.

Die berühmteste und älteste „Unterhaltungsstraße", die Pat Phong Road, befindet sich unweit des größten und ältesten Stadtparks Bangkoks, dem Lumphini Park, und stellt bis heute eines der beliebtesten touristischen Zentren der Stadt dar. Zudem finden Sie hier mehrere *Night Markets* sowie unzählige Einkaufsmöglichkeiten in der angrenzenden Umgebung.

Etwas weiter westlich am Fluss gelegen finden Sie mit der Bangkoker Altstadt eine weitere, bei Touristen überaus beliebte Ecke, wo Stadtgeschichte auf Unterhaltung und Nachtleben trifft: so etwa auf der rund 200 Meter vom Grand Palast gelegenen berühmt-berüchtigten Khao San Road, die ein Treffpunkt von Backpackern und Budget-Reisenden aus aller Welt darstellt. In der ziemlich treffend auch als „Backpacker Ghetto" bezeichneten Straße samt näherer Umgebung treffen sich seit den Siebzigern Reisende aus aller Welt. In der Hochsaison treibt es hier täglich tausende Urlauber hin, sodass die Straße für viele thailändische Händlerinnen und Händler auch deren existenzielle Absicherung bedeutet.

Seit 2018 wird übrigens vonseiten der thailändischen Regierung versucht, den schlechten Ruf der Straße aufzupolieren. So mussten die Verkaufsstände kurzzeitig schließen, was jedoch zu mehreren Protesten der Verkäufer führte – die „Aufräumaktion" wurde daher fürs Erste verschoben.

Ein Pro für Low-Budget-Traveller hat das Zentrum – und dieses beschränkt sich nicht nur auf jene berüchtigte Straße, sondern umfasst die gesamte Altstadt – sicherlich durch seine unschlagbar günstigen Übernachtungsmöglichkeiten: Schon für 7 Euro kann man hier ein Zweibettzimmer mit Ventilator mieten, ein Bett im Hostel gibt es ab 3 Euro und dies sogar mit Airconditioner. Stellen Sie sich dafür aber auf schnarchende Zimmermitbewohner ein sowie in den meisten Fällen auch auf eine relativ laute Umgebung jenseits des Schnarchens, denn Sie befinden sich im niemals schlafenden Stadtzentrum. Packen Sie daher unbedingt Ohrenstöpsel mit ein – absolut essenziell für Bangkok-Reisende, vor allem, wenn Sie sich das Zimmer noch mit weiteren Personen teilen! Ferner sollten Sie auch bedenken, dass in den von Touristen hochfrequentierten Ecken Bangkoks das Essen oft um einiges teurer ist als in anderen, weniger touristischen Bezirken. Wer jedoch günstig übernachten, feiern und zu Fuß zu den vielen Sehenswürdigkeiten schlendern möchte, die sich im Zentrum befinden, der ist hier gut aufgehoben und macht mit Sicherheit auch ein paar interessante Begegnungen mit Menschen vom anderen Ende des Globus.

Einen Katzensprung entfernt im Süden der Altstadt finden Sie das Bangkoker Chinatown, das ebenfalls unzählige Übernachtungsmöglichkeiten in allen Preisklassen für Sie bereithält und ferner das weltweit größte Chinatown bildet, sodass Sie hier stundenlang herumschlendern können. Ein Besuch dort sollte unbedingt auf Ihrer To-Do-Liste stehen!

Wie der Name bereits verrät, lebt hier ein Großteil der chinesischen bzw. aus China stammenden Population Bangkoks, auch Sino-Thais genannt. Tatsächlich fühlt man sich beim Schlendern durch die Straßen voller chinesischer Leuchtreklame, Werbeschilder, Juweliere und durch die berühmten Pottery-Shops so, als wäre man plötzlich inmitten einer chinesischen Stadt. Chinatown ist berühmt für seine Tonkunstfiguren, sollten Sie auf der Suche nach einem kunstvollen Mitbringsel sein. Wen es Anfang Februar nach Bangkok verschlägt, kann hier zudem Chinese New Year mitfeiern, auch in Thailand ein offizieller Feiertag. Ganz Chinatown wird dabei in der Farbe Rot geschmückt. Die Menschen tragen rote Kleidung, überall auf den Straßen wird bis spät in die Nacht gefeiert und dabei wird auch der eine oder andere Pflaumenschnaps zu viel getrunken.

Im etwas westlich gelegenen Ratchathewi, wo ein großer Teil der indischen und pakistanischen Einwohner Bangkoks und auch ein großer Teil muslimischer Bangkoker wohnhaft ist, finden Sie neben einigen Food-Markets mit indischer und pakistanischer Küche auch einige Hostels und Hotels, vor allem entlang der Thannon Si Ayutthaya Road gelegen, von wo aus Sie ferner auch zur Skytrain Station Ratchathewi gelangen.

Nördlich davon finden Sie den Bezirk Huai Kwang, der bei Touristen vor allem aufgrund seiner vielen kulturellen und künstlerischen Attraktionen beliebt ist: Neben vielen Theatern, Konzerthallen und Nachtclubs können Sie hier etwa günstig im Bangkok 68 übernachten, ebenfalls mit Pool auf dem Dach und unweit der beliebten Ratchada Street gelegen, wo Sie neben mehreren Hotels auch ein lebendiges Nachtleben samt Clubs und Kneipen finden.

Wenn Sie sich zentrumsnah erholen möchten, so machen Sie doch einen Ausflug in den ersten und größten Stadtpark Bangkoks, in den oben bereits erwähnten Lumphini-Park, benannt nach dem Geburtsort Buddhas in Nepal. Er umfasst ganze 600.000 m², dort zu finden sind unter anderem ein See sowie ein Swimmingpool und verschiedene Cafés und Essensstände. Vor allem am Wochenende treffen sich hier übrigens auch öfter Familien samt eigenen Karaokemaschinen, die sich durchaus schon einmal aneinanderreihen können.

Einen Ort zum Entspannen zu finden könnte dann zwar etwas schwierig werden, dafür ist der Anblick samt Geräuschkulisse umso skurriler. Außerdem bietet der Park die Heimat vieler Komodovarane, *Hias* genannt, die Sie hier beobachten können. Die Tiere sind friedlich, sofern sie sich nicht bedroht fühlen, schlendern oftmals unbeeindruckt von Menschen gemütlich durch die Gegend und tummeln sich vor allem in Wassernähe. Neben Natur und Echsen finden Sie im Lumphini Park auch die erste öffentliche Bücherei Bangkoks, wo Sie sich nicht nur entspannen können, sondern die zudem sowohl von innen als auch von außen architektonisch beeindruckt. Ferner finden im Park während der Winterzeit – von Oktober bis Februar an den Wochenenden – immer kleine Konzerte statt, manchmal spielt sogar ein kleines Orchester, und zwar ebenfalls umsonst! Ob Low-Budget-Reisender oder nicht, hier können Sie in jedem Fall viel erleben.

Sollten Sie darüber hinaus nicht auf sportliche Betätigung verzichten können, finden Sie auch dafür in Bangkok neben Fitnesszentren kostenlose Optionen: Täglich finden unter freiem Himmel öffentliche „Fitnesskurse" statt, an denen jedermann teilnehmen kann. Im Lumphini Park starten diese schon morgens gegen sechs Uhr. Wer es etwas ruhiger und entspannter mag, der kann an den kostenlosen Tai-Chi-Kursen teilnehmen. Zudem trifft man sich an vielen Orten auch nach Feierabend zum gemeinsamen Sport – nach 18 Uhr in jedem größeren Stadtpark. So etwa auch im Santhipah Park nahe des Victory Monuments: Dort können Sie sich nach stundenlangem Shoppen rund um die Skytrain-Station *Victory Monument* inmitten des Stadtchaos erholen und an jenen spaßigen und überaus geselligen Treffen teilhaben, die manchmal aus bis zu 100 Personen bestehen, die zu ziemlich verrückter Musik und unter Anleitung eines Trainers zusammen tanzen und schwitzen. Man sieht hier übrigens auch viele ältere Bangkoker bei sportlichen Betätigungen sowie im Stadtleben allgemein. Wundern Sie sich nicht, wenn Sie beim Joggen im Stadtpark plötzlich von einem gut gelaunten Senior überholt werden. Man ist eben nur so alt, wie man sich fühlt, und in Thailand spielt Körperkultur eine überaus große Rolle.Unweit des Santhipap Parks finden Sie übrigens das True Siam Rangnam Hotel, ein absoluter Geheimtipp für einen entspannten Aufenthalt und gleichzeitig mitten im Geschehen der Stadt gelegen, zudem auch nur ein Katzensprung von „Little India" entfernt. Das Hotel, von außen mit Holzfassade und thailändischen Skulpturen geschmückt, ist traditionell eingerichtet und besitzt zudem einen kleinen Pool auf dem Dach.

Für etwa 35 Euro pro Nacht können Sie hier ein Doppelzimmer mieten, in der angrenzenden Umgebung finden Sie unzählige Speise- und Einkaufsmöglichkeiten. Sie befinden sich hier in einem weitaus weniger touristischen Gebiet, sind gleichzeitig aber gut an Zug und Verkehr angebunden und haben neben einem Pool auf dem Dach sogar einen Park samt Fitnesskurs und kostenlos zur Verfügung stehende Fitnessgeräte, die sich ebenfalls auf dem Parkgelände befinden und an denen junge und alte Bangkoker herumturnen.

Essen & Trinken

Thailand besitzt eine ausgeprägte Esskultur, gegessen wird hier immer auch aus Leidenschaft und auch beim Thema Essen und Trinken können Sie als Low-Budget-Traveller in Thailand viele verschiedene Köstlichkeiten ausprobieren.

Zwar gibt es zahlreiche Restaurants, Thailänder essen jedoch vor allem in den Sois, den vielen kleinen Seitenstraßen, sowie neben großspurigen Hauptstraßen – eben dort, wo sich gerade Platz dafür findet. Unzählige Food-Markets öffnen hier täglich für tausende von Besuchern die Pforten und laden zum Schlendern vorbei an süßen wie herzhaften

Speisen ein. Vermutlich werden Sie auch den einen oder anderen Kulturschock erleben, wenn Sie etwa an „Skorpionen am Stil" vorbeilaufen, an frittierten Spinnen oder an einer Auswahl an verschiedenen Insekten, die Sie hier, frittiert oder gebraten, probieren können.

Jene exotischen Speisen stellen allerdings auch unter Thais eher die Ausnahme dar, obgleich die Essensgewohnheiten der Bangkoker für viele Touristen zunächst sicherlich etwas befremdlich wirken kann. Sie sollten sich jedoch ein Herz nehmen und nicht nur im Hotel essen, sondern offen sein für die vielen Köstlichkeiten, die Sie hier finden werden! Thailands berühmtes Gericht *Pad Thai* – gebratene Reisnudeln mit Sojasprossen, Frühlingszwiebeln und optional mit Meeresfrüchten, Fleisch oder Tofu – finden Sie hier zum Beispiel an jeder Ecke und es stellt einen guten Einstieg in die thailändische Küche dar.

Ein essenzieller Bestandteil dieser stellt auch *Khap Rao* dar, auch als „heiliges Basilikum" bekannt, den Sie hier in vielen Speisen finden werden und der ein charakteristisches, sehr dominantes Eigenaroma besitzt. Phat Khaprao zum Beispiel, bestehend aus gebratenem Schweinefleisch, Huhn oder Shrimps (meistens können Sie beim Bestellen zwischen diesen Optionen wählen), Fischsauce, viel Knoblauch und Curry, stellt ein klassisches thailändisches Street-Food-Gericht dar, das Sie unbedingt probieren sollten. Übrigens findet Khap Rao auch im hinduistischen Ayurverda Verwendung: Es wird dort als Heilmittel für verschiedene Krankheiten konsumiert – auch bei Speisen überschneidet sich die thailändische mit der hinduistischen Kultur.

Thailand ist berühmt für seine Currygerichte, und so finden Sie auch in Bangkok auf jedem Markt oder in jedem Restaurant verschiedene Variationen; darunter etwa das bei Thailändern beliebte grüne Curry mit Huhn, *Gaeng Keow Wan Gai*, welches Sie etwa besonders lecker auf dem Nang Loeng Market unweit der Nakhon Sawat Road in der Altstadt probieren können. Ein weiteres beliebtes Gericht stellt *Khao Soi* da, eine Suppe bestehend aus cremiger Kokosnussmilch, Huhn und Gemüse.

Das aus China stammende *Sukiyaki*, welches im Wok aus Glasnudeln, Gemüse und Meeresfrüchten zubereitet wird, klingt nach einem einfachen Rezept, aber sollte unbedingt probiert werden! Ein Besuch des Night Markets in Chinatown – vor allem die berühmte Yaowarat Street entlang – sollte aus diesen Gründen auch aus kulinarischer Sicht auf keinem Bangkok-Trip fehlen.

Des Weiteren finden Sie vor allem in den „touristischeren" Ecken rund ums Zentrum eine ganze Reihe vegetarischer Restaurants, obwohl es in Thailand zum Teil etwas schwer werden kann, diese auf Anhieb zu finden. Selbst vegetarische Gerichte werden hier oftmals mit der berühmten *Nam Phla Soße*, einer Fischsauce, die ein elementarer Bestandteil der thailändischen Küche darstellt, zubereitet.

Vegetarier und Veganer kommen in Bangkok aber auch auf ihre Kosten und finden etwa im berühmten *Som Tham,* im thailändischen Papayasalad, in fermentiertem Tofu, *Laab Jay*, oder etwa im unter Touristen beliebten *Sticky Rice & Mango* ihr Glück. Wenn Sie es süß mögen, sollten Sie ferner *Thai Roti* probieren, den Bananenpfannkuchen mit gezuckerter Kondensmilch.

Vor allem dieser wird hier an vielen Ständen entlang der Straßen verkauft – eine Portion kostet etwa 20 Baht. Da Veganismus auch in Bangkok trotz seiner traditionell sehr fleisch- und fischhaltigen Küche vor allem bei jüngeren Thailändern an Beliebtheit gewinnt und Bangkok schließlich auch das touristische Zentrum des Landes darstellt, finden Sie hier einige Restaurants, die ausschließlich vegane und vegetarische Speisen servieren – etwa im *Ethos Vegetarian und Vegan Restaurant*, nur wenige Meter von der Khao San Road entfernt, oder im *Govinda*, das Sie im Bezirk Klong Theoy finden. Sie werden aber auch auf den vielen Street Markets immer wieder auf die eine oder andere vegetarische und vegane Option stoßen. Erkundigen Sie die Märkte auf eigene Faust, schauen Sie sich das Essen genau an, lernen Sie das Wort „*mangsawerat*" für „vegetarisch" und die eine oder andere Thai wird Ihnen sicher helfen, das Passende zu finden!

Ebenfalls unbedingt probieren sollten Sie die berühmt-berüchtigte Durian-Frucht, die auch unter dem weniger schmeichelhaften Namen „Stinkfrucht" bekannt ist. Tatsächlich riecht die Frucht überaus „intensiv" und polarisiert, allerdings ist der Geschmack umso köstlicher. In Thailand finden Sie etwa Durian-Eiscreme sowie Früchte, die auf der Straße frisch aufgeschnitten verkauft werden.

Übrigens bildet die Durian auch den Gegenstand eines noch aus alten Zeiten übrig gebliebenen und überaus skurrilen Gesetzes in Bangkok: So ist es hier verboten, jemanden mit einer Durian-Frucht zu schlagen – und wenn Sie sich die Schale ansehen, werden Sie schnell feststellen, warum der Frucht ein eigener Paragraf gewidmet ist: Knapp 1,5 kg schwer und mit vielen Spitzen, die aus der Schale herausragen, stellte die Frucht des Öfteren eine improvisierte

Waffe dar und der Strafbetrag, den Sie anschließend zu zahlen haben, bemisst sich an der Anzahl der Zacken, mit denen „das Opfer" getroffen wurde. Ferner müssen Sie in vielen Hotels eine Strafe bezahlen, sollten Sie die Frucht heimlich mit ins Zimmer schmuggeln, da der Geruch überaus schwer zu entfernen ist und das Zimmer tagelang gelüftet werden muss!

Für alle, die Kaffee lieben, eine gute Nachricht: Bangkok hat eine ausgeprägte Kaffee-Kultur und ist ein wahres Paradies für Kaffee-Fans. An jeder Ecke finden Sie Cafés oder kleine Verkaufswägen, an denen Kaffee, aber auch Milch- und Fruchtshakes verkauft werden sowie der berühmte orangene Thai Tea, der mit Milch und gezuckerter Kondensmilch serviert wird.

Kaffee wird in Bangkok in allen Variationen und natürlich auch besonders gerne kalt genossen. Das Eis wird übrigens aus Trinkwasser zubereitet und kann daher ohne Sorge konsumiert werden! Allen Vorsichtsmaßnahmen zum Trotz sollten Sie daher nicht allzu skeptisch sein, es kann jedoch auch nicht schaden, Sie an dieser Stelle auch an eine gut ausgestattete Reiseapotheke zu erinnern, denn je nach individueller Konstitution Ihres Magens können Sie in Asien auch die eine oder andere unschöne Erfahrung machen! Glücklicherweise finden Sie dafür aber auch an jeder Ecke Apotheken.

Aber nun zurück zum Kaffee: Probieren Sie doch einmal Kaffee *Boran* („Bolan" ausgesprochen), den traditionellen Kaffee Thailands. Robusta-Bohnen werden dabei zusammen mit Mais, Sojabohnen, braunem Zucker und Fett angeröstet und in einer Art Strumpf mit kochendem Wasser zubereitet und frisch serviert. Das mag etwas befremdlich klingen, allerdings erhält Bolan dadurch sein einmaliges, fast nussiges Aroma und sollte daher von jedem Kaffee-Liebhaber ausprobiert werden.

Wenn Sie sich ein wenig umschauen, sehen Sie sicher schnell einen der kleinen Verkaufswägen, auf dem sich Konservendosen süßer Milch stapeln. Dort können Sie, meist für kaum mehr als 20 Baht, einen köstlichen Eiskaffee erhaschen! Seien Sie jedoch davor gewarnt, dass die meisten Getränke in Thailand sehr (!) süß serviert werden. Den Satz *mai koi waan*, übersetzt „weniger süß", sollten Sie daher unbedingt einstudieren, sofern Sie kein Fan von prädiabetischen Zuckermengen sind.

Was Ihnen ebenfalls schnell auffallen wird, sind die unzähligen „Seven Eleven-Shops" an jeder Ecke Bangkoks, die rund um die Uhr geöffnet haben und für viele Farangs eine essenzielle, oftmals nächtliche

Lebensmittelquelle darstellen – hier finden Sie unter anderem diverse Sandwiches, sollte der Drang nach westlichem Fast-Food einmal doch zu groß sein oder sollten Sie nach einer durchfeierten Nacht noch einen Snack einnehmen wollen, bevor Sie sich in Ihren wohlverdienten Schlaf begeben!

Wer noch auf der Suche nach einer ungewöhnlichen Restaurant-Erfahrung ist und dabei gleichzeitig köstliche thailändische Küche genießen will, der schaut am besten im *Condoms and Cabbages* im Bezirk Wattana, unweit des Skytrain-Bahnhofes *Asok* gelegen, vorbei – die Dekoration besteht dort ausschließlich aus Kondomen, inklusive lebensgroßen Nachbildungen von Menschen, Lampen sowie weiterer Dekoration. Vermutlich hätten Sie nicht gedacht, dass sich aus Kondomen traditionelle thailändische Kostüme herstellen lassen?

In Bangkok ist eben alles möglich und aufgrund des starken Konkurrenzdrucks, hier als Restaurant finanziell überleben zu können, wartet die Gastronomie der Stadt mit vielen verrückten und ungewöhnlichen Ideen auf. Der gleichnamige Bezirk *Asok* befindet sich unweit der *Sukhumvit Road*, der längsten Straße Thailands, die sich einmal quer vom Westen Bangkoks in den Südosten des Landes zieht, in der am Meer gelegenen Stadt Trat endet und dabei insgesamt fast 500 km lang ist! Entlang dieser Straße finden Sie innerhalb Bangkoks unzählige kleinere und größere, zentrumsnah vor allem auch koreanische und japanische Restaurants samt Einkaufsläden und Nachtclubs.

Da Sie sich aber in Bangkok befinden, soll hier noch das am Flussufer im Bezirk Phaya Thai, unweit der BTS Station Victory Monument, gelegene berühmte *Boat Noodles* Erwähnung finden. Hier gibt es *Pork Namtok*, *Beef Namtok* genannt, die mit Rinderbzw. Schweineblut in der Brühe zubereitet werden. Für westliche Ohren zunächst ungewöhnlich, stellt dies in Asien eine beliebte Speise dar und so werden Sie hier vor allem auf viele Einheimische treffen. Wenn Sie Ihre Skepsis erst einmal überwunden haben, werden Sie darin ein überaus köstliches traditionelles Gericht entdecken!

Wenn Ihnen Blutsauce allerdings zu befremdlich klingt und Sie es stattdessen etwas süßer mögen, dann können Sie auch das *Saniro Hello Kitty House* im Bezirk Phatum Wan nahe der Skytrain-Station Chit Lom besuchen und dort einen Donut essen, oder – wenn Sie echte Katzen bevorzugen – in eines der vielen, in Bangkok beliebten „Katzencafes" gehen, wo Sie zusammen mit mehreren Dutzend Katzen, die dort wohnhaft sind, Ihren Kaffee samt

Muffin genießen können. Es geht aber noch verrückter hier: Einen Geburtstag hat die Verfasserin dieses Buches etwa im *Flying Chicken* verbracht. Von ihren Bangkoker Freunden eingeladen und nichts ahnend, was sie erwartet, fand sie sich auf einem Einrad sitzend wieder, mit einer Art Pickelhaube auf dem Kopf, mit der sie ihr Geburtstagsessen – ein gebratenes Huhn – auffangen sollte.

Dieses wurde ihr vom Koch mit einem beeindruckend genau kalibrierten Miniaturkatapult regelrecht auf den Kopf geschossen. Vermutlich war das eines der verrücktesten Erlebnisse, die man in Bangkok erleben kann, und zudem äußerst köstlich – vor allem das BBQ-Chicken sei hier empfohlen!

Kunst & Kultur

Bangkok stellt nicht nur das wirtschaftliche, sondern auch das kulturelle Zentrum des Landes dar. Verglichen mit anderen Teilen des Landes besitzt Bangkok zwar eine relativ junge Stadtgeschichte und Sie finden hier keine antiken Tempelanlagen wie in Ayuthaya oder dem in Zentralthailand gelegenen Sukkhotai, dafür jedoch viele prächtige Tempel sowie Museen und sowohl traditionelle als auch moderne Kunst.

Wenn Sie eine Sightseeing-Tour einplanen, so können Sie seit Verlängerung der blauen U-Bahnlinie im Herbst 2019 bis zur Endhaltestelle *Sanam Chai* fahren und von dort aus zum berühmtesten

Tempel Bangkoks spazieren, dem Wat Pho. Hier finden Sie ferner die Statue des schlafenden Buddhas, der mit seinen vierzig Metern Länge und mit einer Höhe von über 10 Metern die größte Buddha-Statue Thailands darstellt.

Die Tempelanlagen des Wats wurden 1782 fertiggestellt und dienten nicht nur als religiöse Pilgerstätte, sondern auf dem Gelände befand sich auch eine der ältesten öffentlichen Universitäten Thailands. Übrigens finden Sie in den und um die Tempelanlagen herum ferner viele kuriose Statuen, darunter etwa Löwen, Fische, einen Mann mit Zylinder sowie diverse Samurais, die hier zum Teil etwas willkürlich vor den Tempelanlagen herumstehen.

Sie fragen sich vielleicht, was diese mit dem Buddhismus zu tun haben? Im Grunde nicht allzu viel. Da Bangkok lange Zeit im Exporthandel mit China stand, wurden die Schiffe auf dem Weg zurück nach Thailand mit jenen überaus interessanten und detailreichen Kunstwerken beladen, die den Schiffen als Stabilisator dienten. Es handelt sich also um „Beiprodukte" aus alten Handelszeiten, die hier ein neues Zuhause gefunden haben und ebenfalls bestaunt werden können.

Es empfiehlt sich übrigens für Tempelbesuche, Kleidung zu tragen, die über Knie und Schulter gehen. Zwar haben sich die Thais im Laufe der Jahre an spärlich bekleidete Touristenschwärme gewöhnt, allerdings zeigen Sie dadurch Respekt für die lokalen Bräuche und Sitten. In einigen Tempeln stehen dafür auch Kleidungsstücke für Touristen bereit, in die Sie sich kostenfrei einhüllen können und die anschließend wieder abgegeben werden.

Was ebenfalls auf keinem Bangkok-Trip fehlen sollte, ist ein Besuch des berühmten *Wat Aruns*, auch *Tempel der aufgehenden Sonne* genannt. Dieser befindet sich auf der anderen Seite des Flusses, ist rund 70 Meter hoch und besteht zum größten Teil aus chinesischem Porzellan. Wenn Sie Ihren Wecker frühmorgens stellen – die Sonne geht in Bangkok etwa gegen 6 Uhr auf, können Sie zum Fluss spazieren und dem – sofern das Wetter mitspielt – allmorgendlichen Spektakel beiwohnen, wie die ersten Sonnenstrahlen des Tages vom Porzellan des Wats reflektiert werden und den Tempel dadurch „erleuchten". Ein magischer Anblick und die beste Kulisse, um den allmorgendlichen Eiskaffee in Ihrer Hand zu genießen. Life is good!

Neben Tempeln und Palästen bietet Bangkok aber auch genug Möglichkeiten, sich von der aktuellen Kultur- und Kunstlandschaft ein Bild zu machen. Wer sich etwa für zeitgenössische thailändische

Kunst interessiert, der geht am besten ins Zentrum für Contemporary Art, das sich im Bezirk Siam zwischen den vielen Shopping Malls befindet. Der Eintritt ist frei und auf 5 Stockwerken finden Sie sowohl permanente als auch wechselnde Ausstellungen verschiedener Kunstrichtungen, darunter Skulpturen, Fotografie und Gemälde.

In regelmäßigen Abständen stellen hier auch internationale Künstler aus, der Fokus liegt jedoch auf thailändischer Kunst. In der Galerie *Ver* können Sie ebenfalls zeitgenössische Kunst aus Bangkok bestaunen. Daneben befindet sich das *Tentacles*, ein Café, das ebenfalls als kleine Galerie fungiert, wobei hier oftmals Kunststudenten und junge Künstler ausstellen. Neben den klassischen Dingen, die man hier gesehen haben muss – darunter natürlich den Grand Palace am Flussufer samt den Tempeln –, kann man, je nach individuellem Interesse, auch moderne Kunst entdecken und Nächte durchtanzen.

Shopping & Nightlife

Wer gerne stundenlang Shoppen geht, für den wird Bangkok ein wahres Mekka sein. Kaum eine Stadt bietet derart viele Möglichkeiten, sich mit allem einzudecken, was das Herz begehrt.

Auch Souvenirs und weiteren Schnickschnack können Sie hier bis zum Umfallen einkaufen. Auf den unzähligen Night Markets können Sie neben kulinarischen Entdeckungen auch modische und eher verrückte Kleidung, Souvenirs, Schmuck sowie diversen Schnickschnack finden. Daneben bietet Bangkok unzählige Shopping Malls, deren Energiekonsum zusammen bereits über dem Energieverbrauch ganzer Provinzen des Landes liegt!8Vor allem im poshen und modebewussten *Siam*, an der gleichnamigen Station gelegen, finden Sie mehrere Shoppingcenter mit den neusten und trendigsten Läden und Labels.

Thailänder und allen voran Bangkoker zeigen sich gerne gut gekleidet und ordentlich herausgeputzt. Von Schulmädchen bis hin zu älteren Damen werden Sie hier auf äußert gut gekleidete Menschen treffen. Dies zeigt sich auch beim einfachen Shoppen und Schlendern über die Märkte und obgleich sich hier vieles sehr günstig und mit entsprechender Kurzlebigkeit erwerben lässt, so finden Sie bereits dort trendige und stylische Kleidung.

Sie werden hier aber auch Kleidung von besserer Qualität entdecken und müssen dafür nicht zwangsläufig in die großen Shoppingcenter. In den vergangenen Jahren entstanden mehr und mehr Mode-Start-Ups von jungen Modedesign-Studenten und lokalen Modedesignern, was Bangkok zu einer der Modemetropolen Südostasiens machte. Diese

---

8 O.A.:Laos foods the bill for power-hungry Bangkok,in: Mekong Commons,
http://www.mekongcommons.org/laos-foots-bill-power-hungry-bangkok/

verkaufen ihre selbst entworfenen Kleidungsstücke oftmals auf den Night Markets, wo Sie viele Unikate finden und dabei gleichzeitig junge Modedesigner unterstützen können!

Wer gerne stundenlang in Second-Hand-Kleiderläden stöbert und noch auf der Suche nach einem original Spice-Girls-World-Tour-1997-T-Shirt sein sollte, der sollte am besten zum *Chatuchak Weekend Market* fahren. Ob Kleidung, Möbel oder – der leider weniger schöne Teil – Tiere, hier wird alles zum Verkauf angeboten, was Sie sich vorstellen können. Der Markt besteht aus rund 15.000 Ständen und bildet somit den größten Open-Air-Markt der Welt. Am Wochenende zieht es hier tausende Besucher hin – sowohl Einheimische als auch Touristen aus aller Welt – und Sie werden mehrere Tage brauchen, um hier einmal alles gesehen zu haben.

In Rhatscharaprop, auch „Little India" genannt und gut mit dem öffentlichen Verkehr erreichbar, können Sie ebenfalls stundenlang durch Märkte schlendern, sich mit unzähligen Stoffen und Kleidern eindecken sowie indisches, nahöstliches, thailändisches oder – sollte es Ihnen trotz allem nach Hamburgern zumute sein – auch westliches Essen genießen. Ferner finden Sie hier den berühmten Prathunam Market sowie kleinere und größere

Shoppingcenter. Ob Sie sich für ausschweifende Partys, Tanzclubs oder Live-Musik entscheiden, Bangkok bietet auch hier für jeden Geschmack das Passende und besitzt darüber hinaus eine der lebendigsten Musikszenen Südostasiens. Zwei kleine Geheimtipps hier schon einmal vorab: Regelmäßige kleine Kunstausstellungen und Konzerte von Experimental, Avantgarde über Elektro, Indie oder Rock in sämtlichen Variationen finden Sie etwa im *Jam Cafe* im Bezirk Bang Na, etwas südlich von Chinatown gelegen.

Noch dazu werden hier die leckersten Burger der Stadt zubereitet. In der *Black Cabin Bar* im Bezirk Khlong Toei finden ebenfalls regelmäßig kleine Konzerte und Jam Sessions statt. Wie der Name bereits andeutet, ist der gesamte Raum eher abgedunkelt und wirkt mit seiner gedämmt roten Beleuchtung überaus stylish und auch ein wenig verrucht. Neben verschiedenen Snacks – darunter etwa Tacos oder Pizza – kann hier vor allem der Musik lokaler Talente der Jazz-Avantgarde-Szene gelauscht werden, die Bar serviert aber auch überaus leckere Cocktails.

Wer es lieber etwas härter mag und dabei noch das Tanzbein schwingen will, der findet hier auch Metal in sämtlichen Variationen und darüber hinaus ebenfalls eine sehr warme und freundliche Musikszene, die auch Besucher von außerhalb willkommen heißt, sodass Sie zusammen mit Einheimischen zu Ihrer Lieblingsmusik feiern können. Musik verbindet eben die verschiedensten Kulturen und Sprachen, was man auch in Bangkok auf Konzerten zu spüren bekommt.

Metal-Konzerte finden etwa regelmäßig im bereits seit 30 Jahren existierenden Rock Pub, in der Immortal Bar sowie im Brownstone Club statt. Im Kneipenhostel *Overstay* auf der anderen Seite des Chao Phayas und somit auch etwas abseits des touristischen Zentrums gelegen können Sie nicht nur äußerst günstig übernachten, hier finden ferner regelmäßig Partys und Konzerte statt.

Neben lokalen und internationalen Konzerten Ihres Lieblingsgenres können Sie aber auch neue musikalische Impressionen mit nach Hause nehmen: Haben Sie, berauscht von Bangkok und seiner lebendigen Straßenkultur, Lust bekommen, mehr über die thailändische Popkultur zu erfahren, dann schauen Sie am besten im *Studio Lam* vorbei. Dieses befindet sich nahe der Skytrain Station *Thong Loar* im Stadtteil *Wattana* und veranstaltet regelmäßig *Molam-Parties*. Die Wurzeln des aus der Nachbarprovinz Isan stammende Musikstils „Molam" gehen bis ins

17. Jahrhundert zurück, hatten ihren Höhepunkt jedoch in den Siebzigern, wobei traditionelle Elemente thailändischer Musik mit modernen Instrumenten wie der E-Gitarre kombiniert wurden. In den letzten Jahren erlebte *Molam* vor allem unter jungen Thais ein regelrechtes Revival und es wird auch außerhalb Thailands zunehmend bekannter.

Die Musik kann man als eine Art „Psychedelic-Country" beschreiben, die auch ein wenig an die Filmsoundtracks von Quentin Tarantino erinnert. Da sie hauptsächlich von „einfachen Leuten" gehört wurde, wird sie von einigen Vertretern der besser betuchten Gesellschaftsschichten auch als „Taxifahrer-Musik" bezeichnet. In der Tat werden Sie in den vielen Taxen öfter von fremd klingenden Melodien beschallt; erwähnen Sie doch einfach einmal „Molam?" und warten Sie die Reaktion des Taxifahrers ab – vermutlich werden Sie ein breites Grinsen auf sein Gesicht zaubern.

Noch ein paar kleine Geheimtipps

Wenn Ihnen nun abseits des Nachtlebens, des Trubels der Menschenschwärme und des Sightseeings nach Ruhe und Entspannung zumute sein sollte, Sie dazu aber nicht allzu weit reisen können oder möchten, so können Sie dies auch in Bangkok finden.

Nehmen Sie zum Beispiel vom Thewes Pier oder, wo auch immer Sie sich gerade am Chao Phraya befinden, das Bootstaxi in den Norden und erholen

Sie sich auf Koh Kret, einer kleinen Insel, die Sie etwa 20 km nördlich vom Stadtzentrum finden können. Selbstverständlich sollten Sie vorab immer noch einmal einen der Mitarbeiter der Piers fragen, ob Sie auch ins richtige Boot steigen.

Wenn Sie sich dazu entschließen, der Insel samstags oder sonntags einen Besuch abzustatten, können Sie bei dieser Gelegenheit über den Wochenendmarkt schlendern und das eine oder andere Souvenir erhaschen. Die Insel hat zudem einen Floating Market: Auf diesen für Thailand berühmten Märkten finden Sie die Waren auf den vielen kleinen Booten angeboten, die sich auf den schmalen Kanälen zusammendrängen. Koh Kret ist ferner auch Heimat der *Mon People*, einer ethnischen Minderheit Thailands, die sich neben der Insel vor allem im Westen des Landes nahe der burmesischen Grenze angesiedelt hat.

Im 13. Jahrhundert aus China nach Indochina übergesiedelt, handelt es sich hier um eine der ältesten Ethnien Indochinas. Die Mon sprechen nicht nur eine eigene Sprache (die sich jedoch von Thai nur unwesentlich unterscheidet), sondern haben auch ihre eigenen traditionellen Bräuche und Speisen, sodass Koh Kret auch kulinarisch eine Besonderheit innerhalb Bangkoks darstellt: Machen Sie dazu etwa einen Abstecher ins *Ban Mon Klang Nam* und überzeugen Sie sich selbst! Sollten Sie hier übernachten wollen, so finden Sie ein paar kleinere Hotels im Grünen, etwas abseits des Piers gelegen, sowie ein Hostel, das sich direkt am Chao Phaya befindet, sollten Sie mit schmalerem Budget unterwegs sein.

Eine weitere grüne Oase finden Sie im südwestlich des Zentrums gelegenen Bang Crachao mitsamt dem Sri Nakhon Khuen Khan Park, einem 16 m² großen Mangrovenwald, der sich etwas südlich vom Zentrum gelegen gegenüber des Bezirks Klong Thoey befindet und auch als die „grüne Lunge Bangkoks" bezeichnet wird. Tatsächlich spielt sie für das tagtägliche Leben in Bangkok eine wichtige Rolle, denn wie Sie bereits wissen, hat Bangkok trotz seiner vielen Vorzüge auch ein großes Problem mit Luftverschmutzung.

Neben der hohen Einwohnerzahl der Stadt hängt dies auch damit zusammen, dass Thailand trotz stetiger Modernisierung nach wie vor nur kleine Schritte im Bereich Emissionsschutz vorweisen kann und auch kaum staatliche Restriktionen beim Emissionslimit der Fahrzeuge existieren. Die „grüne Lunge" Bang Crachao stellt daher eine Art Katalysator der Stadt dar und versorgt die Bangkoker tagtäglich mit Sauerstoff.

Für die Anreise nehmen Sie vom Wat Klong Toey Pier aus das Bootstaxi, das Sie in wenigen Minuten zum Kanman Khao Pier auf die andere Seite des Flusses bringt. Dort können Sie sich entweder Fahrräder mieten oder die Insel per pedes erkundigen, falls Sie sich spontan dazu entschließen, hier die Nacht zu verbringen. Bang Crachao besitzt neben mehreren botanischen Gärten auch einen Floating Market. „Die grüne Lunge" bietet daher einen idealen und stadtnahen Zufluchtsort für alle, die dem Chaos der Stadt zwar entfliehen, andererseits diese auf der Terrasse liegend gemütlich aus der Ferne bestaunen wollen.

Interessieren Sie sich für ungewöhnliche Kulissen und Urban Exploring? Dann besuchen Sie doch einmal einen Flugzeugfriedhof! Hat dies Ihr Interesse geweckt, dann nehmen Sie sich ein Taxi und fahren Sie in den östlich gelegenen Außenbezirk Bang Kapi – zugegeben nicht gerade um die Ecke, jedoch mit Bootstaxi auch gemütlich via Wasserroute zu erreichen. Starten Sie dazu etwa von der Chareon Phon Bridge, wechseln Sie in Pratu Nam die Fähre und nehmen Sie das Boot, um zu Ihrer Endhaltestelle Bang Kapi zu gelangen. Gratulation! Sie bewegen sich nun bereits wie ein Einheimischer fort und der Weg zum Ziel war bereits ein Abenteuer für sich!

Seit 2010 wurden dort mehrere Flugzeuge, darunter auch eine Boing 747, zum Einrosten abgelagert. Das Gelände wird aktuell von mehreren Familien bewohnt, die hier eine Bleibe gefunden haben und sich durch die Einnahme der Eintrittsgebühren ihren Lebensunterhalt verdienen.

Übrigens ist das Wohnen auf ungenutztem Land in Thailand legal: eine Reaktion auf die ständig wachsende Nachfrage nach Wohnraum – verbunden mit zunehmendem Wohnungsmangel gerade für die ärmeren Gesellschaftsschichten. Gegen eine Gebühr, die vor Ort ausgehandelt wird, wird Ihnen der Zugang zum Gelände gewährt und Sie können in aller Ruhe die Gegend erkundigen, so viele Fotos machen, wie Sie nur wollen, und sich darüber hinaus wie in einer Filmkulisse fühlen.

Wer Lust hat, sich in einem der ältesten Kinos Bangkoks ein paar thailändische Filme anzuschauen, der schaut im Chinatown Rama Theater vorbei. Hier scheint die Zeit irgendwann zwischen 1962 und 1977 stehen geblieben zu sein, und für nur 50 Baht – knapp 1,50 Euro – können Sie hier zwei Filme schauen und Sie bekommen zudem eine ungewöhnliche Fotokulisse dazu. Übrigens werden Sie auch hier wieder auf die Hymne des Königshauses treffen, die grundsätzlich vor jeder Filmaufführung (sowie

ferner vor allen größeren Kulturaufführungen) ein-
gespielt wird.

Wem lieber nach einem ungewöhnlichen Muse-
umsausflug samt Gruselfaktor zumute sein sollte,
der macht am besten einen Ausflug ins Siriraj Medi-
cal Museum, das Sie auf der anderen Seite des Chao
Phaya Flusses finden. Das Museum befindet sich auf
dem Gelände des gleichnamigen Klinikkomplexes,
dem größten Krankenhaus Bangkoks, das eher an
eine Kleinstadt erinnert, und besteht aus mehreren
Teilen, darunter auch einem Ausstellungsraum für
Forensik, Anatomie, Parasitologie sowie Pathologie.

Ferner wird hier auch der verheerende Tsunami
vom 26.12 2004 thematisiert, bei dem insgesamt
über 250.000 Menschen ums Leben kamen, unter
ihnen auch über 100.000 Thailänder. Das Ereignis
hat tiefe Spuren in der jüngeren thailändischen Geschichte hinterlassen. Sowohl Aufklärung als auch
Prävention zur Vermeidung ähnlicher Katastrophen
sind seitdem deutlich präsenter im öffentlichen Leben.

Jener Raum verzichtet übrigens auf Fotos
verstorbener Personen an den Unglücksstellen und
dient vielmehr der Information der Bevölkerung, sodass das Museum auch von Schulklassen häufig Besuch erhält. Neben weiteren, überaus interessanten

Ausstellungsstücken zum Thema Krankheit, Parasiten, Skeletten sowie Körperteilen, die in Formaldehyd konserviert die Regale füllen, finden Sie in der forensischen Abteilung ein besonders makabres Ausstellungsstück: Hier kann die mumifizierte Leiche des berüchtigten thailändischen Serienmörders Si Quey betrachtet werden, der in einem Glassarg aufbewahrt wird. Auf jeden Fall nichts für schwache Nerven!

Neben Schülern und Medizinstudenten steht das Museum von Dienstag bis Sonntag auch Touristen zum Besuch offen, die Öffnungszeiten dafür finden Sie im Internet. Das Museum ist definitiv einen Besuch wert, sollten Sie sich für Medizin interessieren oder allgemein Interesse an einer eher ungewöhnlicheren Nachmittagsbeschäftigung haben, die zudem auch einen Lerneffekt mit sich bringt.

Gegenüber des Siriraj Hospitals und direkt am Pier gelegen finden Sie ferner auch einen großen, hauptsächlich von Einheimischen besuchten Food Market, auf dem Sie günstig verschiedenes Street-Food ausprobieren können. Um sich anschließend von den Eindrücken zu erholen, bietet der dortige Hafen, das Prannok Pier, zudem mehrere Restaurants und Cafés direkt am Wasser gelegen an. Von hier können Sie die vorbeirauschenden Boote sowie die Tempel auf der anderen Flussseite mitsamt den vielen Lichtern der Stadt bewundern und natürlich erstrahlen in Bangkok abends auch alle Tempel im Licht der Scheinwerfer.

Wenn Sie es lieber etwas höher mögen und vor Ihrer Abreise noch einmal die Stadt in ihrer ganzen Größe bewundern wollen, dann machen Sie zum Abschied einen Abstecher nach Little India, das Sie nun ja bereits kennen und wo Sie fußläufig von der Station Ratcharaprop aus den *Bayoke Tower* besuchen können.

Hierbei handelt es sich neben einem beliebten Hotel für vor allem indische und chinesische Reisende gleichzeitig um das höchste Gebäude Thailands, das ganze 85 Stockwerke zählt. Gegen eine Eintrittsgebühr von 400 Baht können Sie vom Dach des Gebäudes – das zudem gemütlich rotiert – über ganz Bangkok schauen und bekommen dazu noch ein Freigetränk in der dazugehörigen Skybar. Sollten Sie den letzten Abend also noch etwas Bargeld zum Verprassen übrighaben, gönnen Sie sich den Anblick des Sonnenuntergangs in über 300 Metern Höhe, auch, wenn der Abschied dadurch sicherlich noch einmal etwas schwerer fallen wird.

Nun haben Sie einiges über Bangkok erfahren, jedoch noch lange nicht alles, denn die Stadt wartet mit weiteren Schätzen darauf, von Ihnen entdeckt zu werden. Buchen Sie daher bald Ihren Flug und vergessen Sie die Ohrstöpsel nicht! Vielleicht konnte Sie dieses kleine Buch dazu ermuntern, diese unvergleichliche, skurrile, schöne und immer wieder von Neuem faszinierende Metropole bald auf eigene Faust zu erkunden.

Ganz gleich, über welches Budget Sie verfügen, ob auf den klassischen Routen oder eher ungewöhnlich, Sie werden hier mit Sicherheit einen unvergesslichen Städte-Trip erleben und viele unvergessliche Momente mit nach Hause nehmen. Sawasdee kha!

Packliste

Geld & Finanzen

O (evtl.) Auslandswährung
O Bargeld
O Bauchtasche
O Brustbeutel
O Bauchtasche
O EC-Karte
O Kreditkarte
O Notfall-Telefonnummern der Banken
O Portmonee

Hygiene

O Haarbürste / Kamm
O Deo (klein)
O Shampoo
O Kulturtasche
O Sonnencreme

O Taschentücher
O Reise-Zahnbürste und Zahnpasta
O Verhütungsmittel

Kleidung

O Badeklamotten
O Gürtel
O Hosen kurz / lang
O Mütze / Cap / Hut
O Pullover
O Regenjacke
O Schlafanzug
O Socken
O Sonnenbrille
O Sportklamotten / Jogginghose
O T-Shirts
O Unterwäsche

Medikamente

O Blasenpflaster
O Anti-Durchfalltabletten

O Erste-Hilfe-Set

O Fiebertabletten

O Fiebertabletten

O Mückenschutz

O sonstige Medikamente

O Pflaster

O Kopfschmerztabletten

Unterlagen & Papiere

O ADAC Unterlagen

O Adresslisten für Postkarten

O Krankversicherungsnachweis

O Stadtplan

O Führerschein

O Unterlagen für die Unterkunft

O Wasserdichte Hülle für Reiseunterlagen

O Impfausweis

O Mietwagenunterlagen

O Personalausweis

O Reisepass

O Reisetagebuch

O evtl. Studentenausweis
O evtl. Visum
O Zug- / Bahn- / Flugticket

Taschen & Rucksäcke

O Koffer / Trolley / Reisetasche
O Regenhülle für Rucksack
O Rucksack

Schuhe

O Badeschlappen / Hausschuhe
O Schuhe und Wechselschuhe

Sonstiges

O Brille / Kontaktlinsen und Etui
O Buch zum Lesen
O Ohrenstöpsel und Schlafmaske
O Regenschirm
O Reisedecke
O Wasserflasche

O Wörterbuch

Elektronik

O Digitalkamera
O Handy
O Ladekabel
O Kopfhörer
O evtl. Steckdosenadapter
O Power-Bank

Herstellung und Verlag:

BoD – Books on Demand, Norderstedt

ISBN: 9783751981538

1. Auflage

Kontakt: Psiana eCom UG/ Berumer Str. 44/ 26844 Jemgum

Covergestaltung: Fenna Larsson

Coverfoto: depositphotos.com